Rechtsmaßnahmen gegen deutsche und korrespondierende europäische Patente

von

Dr. Dietrich Scheffler

Patentanwalt

Der vorliegende Text dient der Einführung und Information, nicht aber der Beratung bei individuellen rechtlichen Anliegen. Die Abhandlungen können und wollen keine individuelle anwaltliche oder sonstige Rechtsberatung ersetzen.

Rechtsmaßnahmen gegen deutsche und korrespondierende europäische Patente

von

Dr. Dietrich Scheffler

Patentanwalt

Vorwort

Die vorliegende Abhandlung richtet sich an Personengruppen mit Interesse am Gewerblichen Rechtsschutz, insbesondere an Mitarbeiter im IP-Management von Industrieunternehmen. Sie möchte bei der gerade für KMU oftmals schwierigen Entscheidungssuche helfen, ob rechtliche Schritte eingeleitet werden sollen bzw. können und, wenn ja, welche, wann und gegen welches der beiden fremden „korrespondierenden" Patente.

Hierbei gilt es, Fristen zu beachten (und nach Möglichkeit zu überwachen), die jeweiligen Standpunkte und Interessen der (zumeist konkurrierenden) Parteien zu erkennen und abzuwägen und - nicht zuletzt - die Kostenfrage in die Überlegungen mit einzubeziehen.

Seeheim-Jugenheim, im Februar 2016

Dietrich Scheffler

Inhaltsverzeichnis

Abkürzungsverzeichnis

a. a. O.	am angegebenen Ort
Abs.	Absatz
Alt.	Alternative
ArbEG	Gesetz über Arbeitnehmererfindungen
Art.	Artikel
Aufl.	Auflage
AusfOEPÜ	Ausführungsordnung zum Übereinkommen über die Erteilung europäischer Patente
betr.	betreffend
BGBl	Bundesgesetzblatt
BGH	Bundesgerichtshof
Bl.fürPMZ	Zeitschrift „Blatt für Patent-, Muster- und Zeichenwesen"
BPatG	Bundespatentgericht
d. h.	das heißt
DPMA	Deutsches Patent- und Markenamt
dt.	deutsch(es)
EPA	Europäisches Patentamt
EPÜ	Übereinkommen über die Erteilung europäischer Patente (Europäisches Patentübereinkommen)
europ.	europäische(s)
f	folgende(r) (Seite, Paragraph)
ff	fortfolgende
Fn	Fußnote
Gbm	Gebrauchsmuster
ggf.	gegebenenfalls
GKG	Gerichtskostengesetz
GRUR	Zeitschrift „Gewerblicher Rechtsschutz und Urheberrecht"
GRUR Int.	Zeitschrift „Gewerblicher Rechtsschutz und Urheberrecht International"
GVG	Gerichtsverfassungsgesetz
HS	Halbsatz

i. d. F.	in der Fassung
insbes.	insbesondere
insges.	insgesamt
IntPatÜG	Gesetz über internationale Patent-übereinkommen
IP	*Intellectual Property* (geistiges Eigentum)
i. V. m.	in Verbindung mit
KG	Kammergericht
KMU	kleine und mittlere Unternehmen
lit.	*litera(e)* (Buchstabe(n))
Mitt.	Zeitschrift „Mitteilungen der deutschen Patentanwälte"
Mo-Frist	Monatsfrist
Ni-Klage(n)	Nichtigkeitsklage(n)
PatG	Patentgesetz
PatKostG	Gesetz über die Kosten des Deutschen Patent- und Markenamts und des Bundespatentgerichts (Patentkostengesetz)
PVÜ	Pariser Verbandsübereinkunft zum Schutze des gewerblichen Eigentums
Rdnr.	Randnummer
RIW	Zeitschrift „Recht der Internationalen Wirtschaft"
s. o.	siehe oben
s. u.	siehe unten
u. a.	unter anderem
Vgl.	Vergleiche
VPP	Deutscher Verband der Patentingenieure und Patentassessoren
zit.	zitiert
ZPO	Zivilprozessordnung
z. Zt.	zur Zeit

I. Die Entstehung korrespondierenden Patentschutzes

1. Das europäische Patentübereinkommen (EPÜ)

Nach aktuellem Stand gehören dem Übereinkommen über die Erteilung europäischer Patente (Europäisches Patentübereinkommen, EPÜ) insgesamt 31 Vertragsstaaten an, darunter auch die Bundesrepublik Deutschland (seit dem 7. Oktober 1977). Da es sich bei einem europäischen Patent um ein „Bündelpatent" handelt, entfaltet es in jedem einzelnen Vertragsstaat, für den der Anmelder Schutzerstreckung beantragt hat,[1] die Wirkung eines nationalen Patents.[2]

Ein europäisches Patent mit Schutzerstreckung (auch) auf Deutschland entspricht mithin (weitestgehend) einem nationalen deutschen Patent.[3] Es besteht also für den Anmelder, rechtlich gesehen, eigentlich kein Anlass, „doppelten" Patentschutz in Gestalt eines europäischen Patents mit Schutzerstreckung auf Deutschland und - zusätzlich - eines nationalen deutschen Patents nachzusuchen.

In der Praxis werden die beiden Patentanmeldungen allerdings meistens in umgekehrter Reihenfolge getätigt. Für die „Zweigleisigkeit" des angestrebten Patentschutzes bestehen im Wesentlichen drei Gründe, die im Folgenden erläutert werden sollen.

---

[1] Vgl. Art. 3 EPÜ.
[2] Art. 2 Abs. 2 EPÜ.
[3] abgesehen von dem Vorbehalt des Art. 2 Abs. 2, 2. HS EPÜ.

2. Der Kostenfaktor

Es kann als allgemein bekannt vorausgesetzt werden, dass die für die Erlangung europäischen Patentschutzes anzusetzenden Kosten ein Vielfaches
dessen betragen, was für ein deutsches Patent von
der Anmeldung bis zur Erteilung aufgewendet werden muss. Namentlich das - gezwungenermaßen
besonders kostenbewusste - kleinere Unternehmen[4]
wird deshalb zunächst einmal an die Anmeldung
(nur) eines nationalen deutschen Patents denken.

3. Die (anfängliche) Ungewissheit über den wirtschaftlichen Wert der Erfindung

Dieser Faktor fällt bei kleineren Unternehmen bereits bei der Entscheidung, ob überhaupt ein Patent
angemeldet werden soll, stärker ins Gewicht als bei
Großunternehmen. Denn bei letzteren orientiert sich
die Anmeldeentscheidung (möglicherweise noch)
vorrangig an den einschlägigen Vorschriften des
ArbEG,[5] weniger an etwaigen Gewinnaussichten der
Erfindung, und fällt deshalb in den meisten Fällen
positiv aus.[6] Auch sehen viele Großunternehmen
hierin eine Möglichkeit, ihre Ingenieure zu weiterer
kreativer (erfinderischer) Tätigkeit zu motivieren.

---

[4] Großunternehmen verfügen in aller Regel über eine (freilich einen erheblichen Fixkostenfaktor bedeutende) eigene
Patentabteilung (IP-Management), auf die sie bei der Er-
stellung der Anmeldungsunterlagen zurückgreifen können, während sich kleinere Unternehmen freiberuflicher
(Patent-)Anwälte bedienen müssen.

[5] Vgl. insbesondere § 13 Abs. 1 ArbEG.

[6] Das könnte sich allerdings im Zuge der vom Gesetzgeber
bereits seit längerer Zeit ins Auge gefassten Novellierung
des ArbEG ändern mit der (voraussichtlichen) Folge eines
drastischen Rückganges der vergleichsweise hohen Zahl
jährlicher deutscher Patentanmeldungen, in der DPMA
und Regierungskreise so gern ein Indiz für die Innovati-
onskraft deutscher Unternehmen sehen.

Das kleinere Unternehmen dagegen meldet, wenn eine Arbeitnehmererfindung vorliegt, diese allenfalls dann zum Patent an, wenn eine gewerbliche Nutzung auf dem Markt ernsthaft beabsichtigt ist.

4. Die Nachanmeldemöglichkeit unter Inanspruchnahme der sogenannten Unionspriorität[7]

Gemäß Art. 4 lit. A i. V. m. lit. C PVÜ genießt der Anmelder (z. B.) eines deutschen Patents für die Hinterlegung von korrespondierenden Patenten in anderen Vertragsstaaten der PVÜ während einer Frist von einem Jahr (sogenanntes Prioritätsjahr) ein Prioritätsrecht, wodurch der Nachanmeldung - fiktiv - der Anmeldetag der - z. B. deutschen - Erstanmeldung zuerkannt wird. Es handelt sich hier um eine der wichtigsten internationalen Regelungen des gewerblichen Rechtschutzes. Sie gilt auch für die Nachanmeldung europäischer Patentanmeldungen,[8] sofern das Land, in dem die Erstanmeldung hinterlegt wurde, der PVÜ angehört.[9]

Die in Rede stehende Prioritätsregel ermöglicht also dem Anmelder eines nationalen, z. B. deutschen, Patents ein Hinausschieben seiner Entscheidung um maximal ein Jahr, ob er für eine Erfindung auch in anderen Staaten, vorliegend durch Hinterlegung einer europäischen Patentanmeldung, Patentschutz beantragen will. Innerhalb dieser Jahresfrist lässt sich möglicherweise der wirtschaftliche Wert der betreffenden Erfindung bereits besser beurteilen als noch am Anmeldetag der Erstanmeldung.

---

[7] Vgl. Art. 4 PVÜ.
[8] Vgl. Art. 87 ff EPÜ und Regel 38 AusfOEPÜ.
[9] Dies ist bei (z. Zt.) 169 Staaten, darunter auch Deutschland, der Fall.

II. Die Rechtsmaßnahmen und ihre Besonderheiten

1. Das deutsche Patent

Als Rechtsmaßnahmen gegen ein (nationales) deutsches Patent kommen in Betracht der Einspruch, § 59 i. V. m. § 21 PatG, und die Nichtigkeitsklage, § 81 i. V. m § 22 PatG.

Freilich sind Auswahl, Zeitpunkt der Einlegung und - ggf.- Reihenfolge der beiden Rechtsmaßnahmen nicht beliebig. So entfalten sie (im Falle eines Erfolges) jeweils zwar rückwirkende Kraft, § 61 Abs. 1 Satz 1 i. V. m. § 21 Abs. 3 Satz 1 PatG (Widerruf) bzw. § 22 Abs. 2 i. V. m. § 21 Abs. 3 Satz 1 PatG (Nichtigerklärung),[10] sind aber nicht bereits gegen eine (offengelegte) Patentanmeldung statthaft, sondern setzen ein erteiltes Patent voraus.[11]

Andererseits wird die Möglichkeit der Einspruchserhebung durch die Dreimonatsfrist des § 59 Abs. 1 Satz 1 PatG zeitlich begrenzt.[12] Eine Befristung auch der Nichtigkeitsklage besteht insoweit nicht. Jedoch kann eine Nichtigkeitsklage gegen ein erteiltes Patent nicht zu einem beliebigen Zeitpunkt erhoben werden, sondern erst dann, wenn die Ein-

---

[10] So auch Benkard/Rogge, Patentgesetz, 9. Aufl., München 1993, § 22, Rdnr. 63.

[11] Dies ergibt sich bereits allgemein aus dem Wortlaut der §§ 21 und 81 PatG, in denen jeweils von dem „Patent" die Rede ist, insbesondere aber aus § 81 Abs. 2 i. V. m. § 59 Abs. 1 Satz 1 PatG (Stichwort „Erteilung").

[12] Eine Ausnahmeregelung stellt insoweit § 59 Abs. 2 PatG dar. Sie ermöglicht es Dritten, gegen die eine Patentverletzungsklage erhoben worden ist, einem bereits anhängigen Einspruchsverfahren auch noch nach Ablauf der Frist des § 59 Abs. 1 Satz 1 PatG beizutreten, allerdings nur innerhalb von drei Monaten nach Erhebung der Verletzungsklage.

spruchsfrist abgelaufen oder ein Einspruchsverfahren nicht (mehr) anhängig ist, § 81 Abs. 2 PatG.

Die Nichtigkeitsklage ist also gegenüber dem Einspruchsverfahren subsidiär. Hierdurch wird die Reihenfolge, zuerst der Einspruch und - gegebenenfalls - erst dann die Nichtigkeitsklage, festgelegt.

Kostenbewusste Unternehmen, insbesondere kleinere Firmen, werden ohnehin der Nichtigkeitsklage den Einspruch vorziehen, weil dieser kostengünstiger ist[13] und eine bessere Kalkulation des Verfahrensrisikos ermöglicht. Denn im Einspruchsverfahren gilt der Grundsatz, dass jeder Beteiligte seine Kosten selbst zu tragen hat.[14]

§ 62 Abs. 1 Satz 1 PatG, wonach das Deutsche Patent- und Markenamt - „nach billigem Ermessen" – bestimmen *kann*, dass einem der Beteiligten (nur) die durch eine Anhörung oder Beweisaufnahme verursachten Kosten auferlegt werden, stellt insoweit eine Ausnahme dar.

Beim Nichtigkeitsverfahren dagegen ergeht im Rahmen des Urteils in jedem Fall eine Kostenentscheidung, wobei, wie im „normalen" Zivilprozess, grundsätzlich der Unterliegende die (gerichtlichen und außergerichtlichen) Kosten zu tragen hat.[15]

Freilich setzt die (grundsätzlich erforderliche, s. o.) Wahrung der - sich in der Praxis meistens als recht knapp erweisenden - dreimonatigen Einspruchsfrist

---

[13] Die Einspruchsgebühr ergibt sich aus der Anlage zu § 2 Abs. 1 PatKostG (siehe dort unter lit. A. Nr. 313 600). Für die Einleitung der Nichtigkeitsklage sind gemäß § 2 Abs. 2 i. V. m. § 2 Abs. 1 PatKostG (siehe dort Anlage, lit. B. Nr. 402 100) i. V. m. § 34 GKG 4/5 Gebühren (in Abhängigkeit von der Höhe des Streitwerts) zu zahlen.
[14] Benkard/Schäfers, a. a. O. (Fn. 10), § 62, Rdnr. 1.
[15] §§ 84 Abs. 2 Satz 1, 99 Abs. 1 PatG i. V. m. §§ 91 ff ZPO.

eine regelmäßige gezielte Überwachung der Erteilung einschlägiger (Konkurrenz-)Patente voraus, was Großunternehmen im Allgemeinen keine Probleme bereitet, von kleineren Unternehmen hingegen (wegen Fehlens eines hiermit zu beauftragenden eigenen IP-Managements) nicht selten eher nachlässig gehandhabt wird. Aber auch dann, wenn dem kleineren Unternehmen ein potenziell gefährliches fremdes Patent schon vor Ablauf der Einspruchsfrist bekannt geworden sein sollte, unterbleibt in vielen Fällen ein Einspruch, sei es wegen Unkenntnis oder Versäumens der dreimonatigen Einspruchsfrist, sei es wegen Scheuens des mit der Durchführung eines Einspruchsverfahrens verbundenen Arbeits- und Kostenaufwands.

Zur Abwehr eines es bedrängenden fremden Patents wird sich das kleinere Unternehmen allerdings dann (und nur dann) entschließen, wenn es vom Patentinhaber wegen Patentverletzung abgemahnt oder im Klagewege in Anspruch genommen wird. Da in einem solchen Fall die Einspruchsfrist regelmäßig abgelaufen sein wird, bleibt als Rechtsmaßnahme nur noch die Möglichkeit einer Nichtigkeitsklage.

Unter Umständen, d. h. wenn die Voraussetzungen der in diesem Fall zu prüfenden Vorschriften des § 256 ZPO erfüllt sind, könnte auch eine negative Feststellungsklage gegen den Patentinhaber auf Feststellung des Nichtbestehens seiner Ansprüche (wegen Verneinung der Patentfähigkeit des Streitpatents) zulässig sein.[16]

Ist vom Patentinhaber jedoch bereits Patentverletzungsklage erhoben worden, so lässt sich eine Nichtigkeitsklage nicht durch eine Widerklage des Verletzungsbeklagten mit dem Argument, das Streitpatent sei nicht rechtsbeständig, umgehen. Eine derartige (negative) Feststellungsklage wäre mangels des in § 256 ZPO vorausgesetzten Feststel-

---

[16] Vgl. KG, GRUR 42, S. 419.

lungsinteresses[17] unzulässig. Der BGH[18] verneint in einem solchen Fall das erforderliche Feststellungsinteresse des Widerklägers (Verletzungsbeklagten), weil für die Nachprüfung der Rechtsbeständigkeit des Streitpatents das – speziell hierauf zugeschnittene – Nichtigkeitsverfahren zur Verfügung steht.

So kommt es, dass in der Praxis von der Möglichkeit des Einspruchs überwiegend die Großunternehmen Gebrauch machen, hingegen die kleineren Unternehmen aus den geschilderten Gründen oft nur noch auf den in der Regel aufwendigeren[19] und ein größeres Kostenrisiko bergenden Weg der Nichtigkeitsklage zurückgreifen können (bzw. müssen).

---

[17] = schutzwürdiges Interesse (Rechtsschutzbedürfnis) an der begehrten Feststellung.
[18] Vgl. BGH, GRUR 59, S. 320 sowie S. 70, 296 f.
[19] Wie allgemein im Zivilprozess (vgl. § 128 ZPO), gilt auch im Patentnichtigkeitsprozess der Grundsatz der Mündlichkeit, § 83 Abs. 2 Satz 1 PatG. Es kommt daher regelmäßig zur mündlichen Verhandlung vor dem BPatG (bzw. - in der Berufungsinstanz - vor dem BGH, § 116 Abs. 1 Satz 1 PatG). Zwar kann gem. § 83 Abs. 2 Satz 2 bzw. § 116 Abs. 3 Nr. 1 PatG von einer mündlichen Verhandlung abgesehen werden, in der Praxis dürfte allerdings die hierfür erforderliche Zustimmung beider Parteien nur selten erreichbar sein.

2. Das europäische Patent

a) Das Einspruchsverfahren

Gemäß Art. 99 EPÜ besteht für jedermann die Möglichkeit, gegen ein erteiltes europäisches Patent Einspruch zu erheben. Der Einspruch erfasst - vorteilhafterweise - nicht nur ein oder mehrere - von dem Einsprechenden als störend empfundene - Teilpatente, z. B. das deutsche Teilpatent, welches den (deutschen) Einsprechenden zum Einspruch veranlasst haben mag, sondern das gesamte europäische („Bündel"-)Patent für alle Vertragsstaaten, in denen es Wirkung hat, Art. 99 Abs. 2 EPÜ.

Vorteilhaft (gegenüber dem sich gegen ein nationales deutsches Patent richtenden Einspruchsverfahren nach §§ 59 ff PatG, s. o. 1.) ist auch die vergleichsweise großzügig bemessene Einspruchsfrist von 9 Monaten.[20] Diese kommt gerade dem kleineren Unternehmen entgegen, indem es ihm auch bei (typischem) zögerlichem Verhalten in vielen Fällen noch eine fristgerechte Einspruchserhebung ermöglicht. Nicht unerwähnt bleiben soll auch der Vorteil der vergleichsweise langen Neunmonatsfrist für den potenziellen Einsprechenden bei der Suche nach einschlägigem Einspruchsmaterial (vorveröffentlichte Druckschriften und/oder offenkundige Vorbenutzungen der im Streitpatent beanspruchten Erfindung).

Ebenso wie im nationalen deutschen Einspruchsverfahren gilt auch im europäischen Einspruchsverfahren der Grundsatz, dass jeder Beteiligte die ihm erwachsenden Kosten selbst trägt, Art. 104 Abs. 1 1. HS EPÜ.[21]

---

[20] nach der Bekanntmachung des Hinweises auf die Erteilung des europäischen Patents, Art. 99 Abs. 1 Satz 1 EPÜ.
[21] Eine gem. Art. 104 Abs. 1 2. HS EPÜ - ausnahmsweise - vorgesehene, von dem Grundsatz der eigenen Kostentragung abweichende, auf Billigkeitserwägungen fußende

Sofern das europäische Patent nicht in deutscher Sprache, sondern in einer der beiden anderen Amtssprachen des Europäischen Patentamts (Englisch oder Französisch, Art. 14 Abs. 1 EPÜ) eingereicht worden ist, kann sich - vornehmlich für das kleinere Unternehmen - die Vorschrift des Art. 14 Abs. 3 EPÜ nachteilig auswirken, wonach die Amtssprache des Europäischen Patentamts, in der die europäische Patentanmeldung eingereicht worden ist, grundsätzlich in allen Verfahren vor dem Europäischen Patentamt, die das darauf erteilte Patent betreffen, also auch im Einspruchsverfahren, als Verfahrenssprache zu verwenden ist.

Zwar ermöglicht Regel 1 Abs. 1 Satz 1 AusfOEPÜ dem Einsprechenden, sich im schriftlichen Einspruchsverfahren (auch) der deutschen Sprache zu bedienen. Dieselbe Vorschrift erlaubt aber den weiteren Verfahrensbeteiligten, ihre Schriftsätze in den beiden anderen Amtssprachen zu verfassen. Ähnliches gilt gemäß Regel 2 Abs. 1 Satz 1 AusfOEPÜ für eine im Rahmen des Einspruchsverfahrens gegebenenfalls stattfindende mündliche Verhandlung.

Kostenverteilung entspricht der Ausnahmeregelung des § 62 Abs. 1 Satz 1 PatG hinsichtlich der durch eine mündliche Verhandlung oder eine Beweisaufnahme verursachten Kosten.

b) Die Nichtigkeitsklage

aa) Besonderheiten des europäischen Patentrechts

Auch das europäische Patentrecht kennt als Rechtsmaßnahme gegen ein erteiltes Patent neben dem Einspruch die Nichtigkeitsklage. Gegenüber dem Einspruch besteht aber bei der Nichtigkeitsklage die Besonderheit, dass sie nicht zentral das gesamte („Bündel"-)Patent umfasst, sondern (jeweils) nur gegen ein nationales, z. B. das deutsche, Teilpatent gerichtet werden kann, Art. 138 Abs. 1 EPÜ.

Vermag ein Unternehmen - etwa aus den oben (unter 1.) geschilderten Gründen - trotz der großzügig bemessenen Neunmonatsfrist nicht, die Einspruchsmöglichkeit gegen das störende europäische Patent wahrzunehmen, so kann man die Folge, zumindest für kleinere Unternehmen mit begrenztem finanziellen Spielraum, nachgerade als katastrophal bezeichnen, sofern Interesse nicht nur an der Beseitigung eines, z. B. des deutschen, Teilpatents, sondern des gesamten europäischen („Bündel"-)Patents, also sämtlicher Teilpatente desselben, besteht.

In letzterem Fall muss nämlich gegen jedes einzelne Teilpatent in dem jeweiligen Vertragsstaat (unter Beachtung der dort geltenden speziellen Rechtsvorschriften!) Nichtigkeitsklage erhoben werden. Die hierbei anfallenden Kosten summieren sich dann – für die unterliegende Partei – zwangsläufig zu einem Vielfachen dessen, was für eine Durchführung eines Einspruchsverfahrens (welches ja das gesamte europäische („Bündel"-)Patent umfassen würde) aufzuwenden gewesen wäre.

In einigen Vertragsstaaten des EPÜ besteht allerdings – im Gegensatz zur Rechtslage in Deutschland (s. o.) – die Möglichkeit, eine Nichtigerklärung des betreffenden Teilpatents im Wege der Widerklage im (regelmäßig vor der ordentlichen Gerichtsbarkeit stattfindenden) Verletzungsprozess zu betreiben. Das ist dann der Fall, wenn ein Spezialgericht für Patentnichtigkeitsverfahren, wie z. B. das deutsche BPatG, in dem betreffenden Vertragsstaat nicht eingerichtet ist.[22]

bb) Die Nichtigkeitsklage gegen das deutsche Teilpatent

Durch Art. II § 6 IntPatÜG[23] hat die Bundesrepublik Deutschland für die Nichtigerklärung des deutschen Teils eines europäischen Patents alle im EPÜ vorgesehenen Nichtigkeitsgründe in nationales Recht umgesetzt.[24] In dem Nichtigkeitsverfahren vor dem Bundespatentgericht (bzw. - in zweiter Instanz - vor dem Bundesgerichtshof) sind also die Vorschriften des deutschen Patentgesetzes - §§ 81 ff, 110 ff - anzuwenden.

Mangels einer abweichenden Regelung im EPÜ gilt dies auch für die Gerichtssprache, die demnach - gemäß §§ 126 Abs. 1 Satz 1 PatG, 184 GVG - deutsch ist, und zwar unabhängig davon, ob das betreffende europäische Patent in deutscher Sprache oder in einer der beiden anderen Amtssprachen des EPÜ (Englisch oder Französisch) erteilt worden ist.

Hierin ist allerdings für den deutschsprachigen Nichtigkeitskläger ein Vorteil gegenüber dem (in den sonstigen Belangen wesentlich vorteilhafteren, s. o., a)) Einspruchsverfahren zu sehen.

---

[22] Vgl. hierzu: Mangini, GRUR Int. 1983, S. 226 f; Pakuscher, RIW 1975, S. 305, 312; Ströbele, GRUR Int. 1975, S. 1, 9.
[23] Gesetz über internationale Patentübereinkommen vom 21.6.1976, BGBl II, S. 649 ff.
[24] Vgl. Haertel, GRUR Int. 83, S. 200, 203.

Da für die Einleitung nationaler Nichtigkeitsverfahren gegen europäische (Teil-) Patente in anderen Vertragsstaaten ebenfalls die (dortigen) nationalen Verfahrensvorschriften gelten,[25] muss der deutschsprachige Nichtigkeitskläger in diesen Ländern (u. a.) hinsichtlich der Gerichtssprache einen erheblichen Nachteil hinnehmen, was natürlich seine Position gegenüber dem Nichtigkeitsbeklagten, insbesondere wenn dieser dem betreffenden Vertragsstaat angehört, entsprechend schwächt.

cc) Welches materielle Recht kommt bei der Nichtigkeitsklage gegen das deutsche Teilpatent zur Anwendung?

Im Falle erteilter europäischer Patente macht das EPÜ von dem Vorbehalt des Art. 2 Abs. 2 2. HS Gebrauch soweit es das Einspruchsverfahren gemäß Art. 99 ff EPÜ und die in den Art. 138 und 139 EPÜ enthaltenen, abschließend aufgezählten Nichtigkeitsgründe anbelangt. Diese sind durch Art. II § 6 Abs. 2 IntPatÜG[26] in deutsches Recht übergeführt worden, sodass der deutsche Nichtigkeitsrichter bei der Entscheidung über die Nichtigerklärung eines europäischen Patents (deutsches Teilpatent) materielles europäisches Recht anwendet.

Dessen ungeachtet sind die beiden deutschen Nichtigkeitsinstanzen keineswegs an den vom Europäischen Patentamt im Erteilungs- und Einspruchsverfahren angelegten Prüfungsmaßstab gebunden. (Entsprechendes gilt auch für die mit Nichtigkeitsverfahren befassten nationalen Gerichte der anderen Vertragsstaaten des EPÜ.)

Jedoch hat der deutsche Nichtigkeitsrichter bei der Entscheidung über die Nichtigerklärung des deutschen Teils eines europäischen Patents die Auslegung des europäischen Rechts durch die Beschwer-

---

[25] Vgl. Art. 138 Abs. 1 EPÜ.
[26] a. a. O. (Fn. 23).

dekammern des Europäischen Patentamts zu berücksichtigen, da er ja aufgrund des Art. II § 6 Abs. 2 lntPatÜG materielles europäisches Recht anwendet.

Das Europäische Patentamt selbst bemüht sich um einen gesamteuropäischen Konsens, indem es im europäischen Erteilungsverfahren die Anforderungen an die Erfindungshöhe aus Gründen der Rechtssicherheit so bemisst, dass die erteilten Patente in den Nichtigkeitsverfahren der nationalen Gerichte weitgehend bestehen können.[27]

Insgesamt ergibt sich hieraus ein durchschnittlicher Bewertungsmaßstab, der im Großen und Ganzen dem Prüfungsstandard der deutschen Patentbehörden, wie auch dem anderer, die Patentfähigkeit prüfender Vertragsstaaten des EPÜ, entspricht.[28] Bestätigt wird dies durch einschlägige Entscheidungen des Bundespatentgerichts (BPatG) und des BGH.[29]

Man kann also davon ausgehen, dass Nichtigkeitsklagen gegen ein nationales deutsches Patent und gegen den deutschen Teil eines korrespondierenden europäischen Patents nicht zu wesentlich voneinander abweichenden Entscheidungen führen, vorausgesetzt, die vom Nichtigkeitskläger geltend gemachten Nichtigkeitsgründe sind in beiden Fällen identisch.

---

[27] Vgl. EPA T 01/91, GRUR Int.. 1982, S. 53,56.
[28] So Keukenschrijver, VPP-Rundbrief 1993, S. 49 f.
[29] Vgl. nur: BPatG, GRUR 1992, S. 435; BPatG, Mitt. 1988, S. 49; BPatG, Mitt. 1990, S. 19 f; BGH, GRUR 1988, S. 290; BGH, GRUR 1991, S. 120; BGH, GRUR 1992, S. 430; BGH, GRUR 1992, S. 839.

c) Subsidiarität der Nichtigkeitsklage?

Wie oben (unter 1.) ausgeführt, darf gemäß § 81 Abs. 2 PatG eine Nichtigkeitsklage gegen ein nationales deutsches Patent erst dann erhoben werden, wenn ein Einspruchsverfahren nicht mehr anhängig ist bzw. - wegen Ablaufs der (dreimonatigen) Einspruchsfrist - nicht mehr eingeleitet werden kann. Laut Begründung zum Entwurf eines Gesetzes über das Gemeinschaftspatent und zur Änderung patentrechtlicher Vorschriften liegt der Sinn des § 81 Abs. 2 PatG darin, parallele Verfahren über den Rechtsbestand eines Patents zu vermeiden.[30] Hierdurch solle das BPatG entlastet werden.[31]

In der Folgezeit hat sich indes gezeigt, dass - zumindest auf absehbare Zeit - nicht die Senate des BPatG, sondern vielmehr die Patentabteilungen des Deutschen Patent- und Markenamts einer Entlastung bedürfen. Dies hatte zu einer (vorübergehenden) Kompetenzübertragung an das BPatG geführt, was das erstinstanzliche Einspruchsverfahren anbelangt.[32]

Freilich waren zur Entscheidung im erstinstanzlichen Einspruchsverfahren die Beschwerdesenate, nicht die Nichtigkeitssenate, berufen.[33] Nach alledem ist - wenigstens bei der derzeitigen Geschäftslage der deutschen Patentbehörden - die Berechtigung der Subsidiaritätsvorschrift des § 81 Abs. 2 PatG zumindest fraglich.

Aus dem EPÜ ist eine dem § 81 Abs. 2 PatG entsprechende Subsidiaritätsvorschrift nicht entnehmbar. Die Frage, ob - durch analoge Anwendung des

---

[30] Bl. für PMZ 1979, S. 276, 288
[31] Bl. Für PMZ a. a. O. (Fn. 30).
[32] Vgl. § 147 Abs. 3 PatG. Seit 1.7.2006 liegt die erstinstanzliche Zuständigkeit allerdings wieder beim Deutschen Patent- und Markenamt.
[33] § 147 Abs. 3 Satz 1 PatG

§ 81 Abs. 2 PatG - auch im europäischen Patentrecht das Verhältnis von Einspruchsverfahren und Nichtigkeitsklage (gegen den deutschen Teil eines europäischen Patents) im Sinne einer Subsidiarität der Nichtigkeitsklage gegenüber dem Einspruchsverfahren gelten solle, ist in der Literatur umstritten.

Überwiegend wird die Ansicht geäußert, die Subsidiaritätsregelung des § 81 Abs. 2 PatG gelte wegen Art. 2 Abs. 2 EPÜ auch für europäische Patente, die mit Wirkung für die Bundesrepublik Deutschland erteilt worden sind.[34] Die deutsche Nichtigkeitsklage sei deshalb erst dann zulässig, wenn ein Einspruchsverfahren nicht mehr anhängig sei oder ein Einspruch nicht mehr eingelegt werden könne.

Gegen diese mehrheitlich vertretene Literaturmeinung bringt - neben Völp[35] - insbesondere Pitz gewichtige Argumente vor,[36] die sich zu Recht auf materiell- und verfahrensrechtliche Unterschiede zwischen deutschem und europäischem Patentrecht stützen. Mit Ausnahme des Nichtigkeitsgrundes der unzulässigen Erweiterung des Schutzbereichs des Patents,[37] der dem Umstand Rechnung trägt, dass sich der Schutzumfang eines erteilten Patents noch erweitert haben kann, nämlich in einem *nach* Patenterteilung durchgeführten Einspruchsverfahren,[38] und somit der in Rede stehende Nichtigkeits-

---

[34] So (u. a.) Benkard/Rogge, a. a. O. (Fn. 10), § 81, Rdnr. 21; Schulte, Patentgesetz, 6. Aufl., Köln, Berlin, Bonn, München 2001, § 81 PatG, Rdnr. 18; von Albert, GRUR 1981, S. 451, 458; Goebel, Mitt. 1981, S. 15, 21; Mangini, GRUR Int. 1983, S. 226, 230.
[35] GRUR Int. 1979, S. 396, 398.
[36] GRUR 1995, S. 238 f.
[37] § 22 Abs. 1, 2. Alt. PatG.
[38] Zum materiellrechtlichen Unterschied der Nichtigkeitsgründe nach § 22 Abs. 1, 2. Alt. PatG einerseits und nach § 22 Abs. 1, 1. Alt. i. V. m. § 21 Abs. 1 Nr. 4 PatG andererseits - (nur) letzterer kommt auch als Einspruchsgrund

grund naturgemäß nicht Einspruchsgrund sein kann, sind Einspruchs- und Nichtigkeitsgründe nach deutschem Patentgesetz identisch.[39]

Der Subsidiaritätsregelung des § 81 Abs. 2 PatG kann deshalb unter materiellrechtlichem Aspekt, sieht man einmal von den oben geschilderten aktuellen faktischen Umständen ab, für Nichtigkeitsklagen gegen (nationale) deutsche Patente noch Berechtigung zugestanden werden.

Dies trifft so nicht zu für die Nichtigkeitsklage gegen den deutschen Teil eines europäischen Patents. Denn im Gegensatz zur deutschen Regelung des § 21 Abs. 1 Nr. 3 PatG, nach welcher widerrechtliche Entnahme bereits als Einspruchsgrund vorgebracht werden kann, ist dieser Tatbestand nach Art. 138 Abs. 1 lit. e) EPÜ ausschließlich der Geltendmachung im Zuge der Nichtigkeitsklage vorbehalten.[40]

Als weiterer, im Katalog der Einspruchsgründe nicht enthaltener Nichtigkeitsgrund sind, neben der § 22 Abs. 1 2. Alt. PatG entsprechenden Vorschrift des Art. 138 Abs. 1 lit. d) EPÜ (Erweiterung des Schutzbereichs), ältere Rechte aus einer nationalen Patentanmeldung oder einem nationalen Patent zu nennen. Dieser Nichtigkeitsgrund ergibt sich aus Art. 138 Abs. 1 1. HS i. V. m. Art. 139 Abs. 2 EPÜ. (Näheres hierzu s. u. III. 4. c) bb).)

Die Nichtigkeitsklage nach den Art. 138 und 139 EPÜ bietet also für den zum Angriff gegen den deutschen Teil eines europäischen Patents Entschlosse-

---

in Betracht - vgl. Scheffler, VPP-Rundbrief Nr. 2, Juni 2005, S. 63.

[39] Vgl. die §§ 22 Abs. 1, 1. HS, 21 Abs. 1 PatG.

[40] Vgl. hierzu die in Art. 100 EPÜ enumerativ aufgeführten Einspruchsgründe, unter denen sich der Tatbestand der widerrechtlichen Entnahme nicht findet.

nen erheblich mehr Möglichkeiten als das europäische Einspruchsverfahren nach Art. 99 ff EPÜ.

Wegen der dargelegten materiellrechtlichen Unterschiede kann das Verhältnis Nichtigkeitsklage nach Art. 138 f EPÜ zu (europäischem) Einspruchsverfahren auch nicht gleichgesetzt werden mit den - im Wesentlichen übereinstimmenden - Gegebenheiten bei der Nichtigkeitsklage (gegen ein nationales deutsches Patent) nach den §§ 81, 22 PatG und dem (deutschen) Einspruchsverfahren nach den §§ 59, 21 PatG.

Es ist deshalb dem Rechtssuchenden nicht zuzumuten, erst den Ausgang eines (etwaigen) europäischen Einspruchsverfahrens bzw. die Neunmonatsfrist zur Einlegung eines solchen abzuwarten, ehe ihm gestattet sein soll, Nichtigkeitsklage nach Art. 138 f EPÜ zu erheben. In besonderem Maße gilt dies für den Fall, dass eine Nichtigkeitsklage aus den - in den Einspruchsgründen des Art. 100 EPÜ überhaupt nicht vorgesehenen - Tatbeständen des Art. 138 Abs. 1 lit. e) EPÜ (widerrechtliche Entnahme) oder Art. 139 Abs. 2 EPÜ (ältere Rechte) beabsichtigt ist. Eine analoge Anwendung des § 81 Abs. 2 PatG auf eine gegen den deutschen Teil eines europäischen Patents beabsichtigte Nichtigkeitsklage ist daher abzulehnen.

Eine analoge Anwendung der Subsidiaritätsklausel des § 81 Abs. 2 PatG auf (deutsche) Nichtigkeitsklagen nach Art. 138 f EPÜ würde im Übrigen eine weitere Verschärfung der ohnehin schon aus unterschiedlichen Verfahrensregelungen in den einzelnen Vertragsstaaten des EPÜ[41] herrührenden Unter-

---

[41] Im Gegensatz zu Deutschland, wo die Überprüfung der Rechtsbeständigkeit dem Einspruchsverfahren bzw. der Nichtigkeitsklage vorbehalten ist, kann sie in einzelnen

schiede in der Rechtsbeständigkeit der einzelnen nationalen Teilpatente, aus denen sich das europäische Patent ja zusammensetzt, bedeuten.[42]

Gegen eine analoge Anwendung des § 81 Abs. 2 PatG auf (deutsche) Nichtigkeitsklagen nach Art. 138 f EPÜ wird in einem Teil der Literatur[43] auch das Argument ins Feld geführt, dass das europäische Einspruchsverfahren nicht selten für kleinere Unternehmen kein geeigneter Rechtsbehelf sei, weil dadurch - gegebenenfalls - nur das europäische („Bündel"-)Patent in seiner Gesamtheit beseitigt werden kann. Gerade kleinere Unternehmen könnten ein Interesse daran haben, europäische Patente nur mit Wirkung für einen Staat, wie dies für das Nichtigkeitsurteil charakteristisch ist, mithilfe eines vertrauten nationalen Verfahrens, also im Falle des deutschen Teils eines europäischen Patents durch eine (deutsche) Nichtigkeitsklage nach Art. 138 f EPÜ, anzugreifen.

Diese Argumentation verkennt indes, dass, namentlich für das kleinere Unternehmen, das europäische Einspruchsverfahren - trotz der unter Umständen nachteiligen Sprachregelung des Art. 14 Abs. 3 EPÜ - regelmäßig sowohl in arbeits- wie auch in kostenmäßiger Hinsicht weniger aufwendig und leichter kalkulierbar sein wird und deshalb in den meisten Fällen - sofern (noch) möglich - der Nichtigkeitsklage vorgezogen werden dürfte (siehe hierzu auch oben, a) und b)).

Des Weiteren ist heute davon auszugehen, dass neben den Großunternehmen ein großer Teil auch der kleineren Firmen nicht nur im Inland tätig ist,

---

Vertragsstaaten des EPÜ im Zuge eines Verletzungsprozesses uneingeschränkt nachgeprüft werden.
[42] Preu, GRUR Int. 1981, S. 63, 69.
[43] Pitz, GRUR 1995, S. 238 f

sondern seine geschäftlichen Aktivitäten (zumindest) auch auf das europäische Ausland ausdehnt.

Entgegen der in der Literatur teilweise vertretenen Auffassung[44],[45] werden also gerade geschäftsstrategische Erwägungen auch bei den kleineren Unternehmen eher dazu führen, das *gesamte* fremde („Bündel"-)Patent anzugreifen, wie dies das europäische Einspruchsverfahren, nicht aber die jeweils nur gegen ein nationales Teilpatent gerichtete Nichtigkeitsklage, ermöglicht.

Möglicherweise wird das kleinere Unternehmen daran interessiert sein, an dem europäischen Patent eine Lizenz zu erwerben. Um diesem Ansinnen gegenüber dem Patentinhaber ein wenig Nachdruck zu verleihen bzw. ihn zu günstigen Lizenzkonditionen zu bewegen, bietet sich eher die Einleitung eines - das gesamte Patent bedrohenden - europäischen Einspruchsverfahrens und weniger die Erhebung einer - nur ein nationales (z. B. das deutsche) Teilpatent betreffenden - Nichtigkeitsklage an. (Um dasselbe Ziel ohne Einspruch zu erreichen, müssten in allen Vertragsstaaten des EPÜ, auf die sich das betreffende europäische Patent erstreckt, separate Nichtigkeitsklagen nach dem jeweils geltenden Verfahrensrecht erhoben werden.)

Damit sprechen schließlich in nicht wenigen Fällen bei kleineren Unternehmen auch lizenzstrategische Überlegungen für eine Bevorzugung des europäischen Einspruchsverfahrens gegenüber einer (oder mehreren) nationalen Nichtigkeitsklage(n).

Zugleich reduziert sich dadurch in der Praxis die Bedeutung der in Literatur und Rechtsprechung so

---

[44] Pitz, a. a. O. (Fn. 43)
[45] So etwa van Empel, The Granting of European Patents, Leyden 1975, Rdnr. 493; ferner: Jung, GRUR 1986, S. 210, 215.

kontrovers geführten Diskussion über die Frage einer Subsidiarität der Nichtigkeitsklage (gegen den deutschen Teil eines europäischen Patents) gegenüber dem europäischen Einspruchsverfahren.

III. Welche Rechtsmaßnahme wann gegen welches der beiden korrespondierenden Patente?

1. Zwei separate Einspruchsverfahren?

Da es sich bei dem deutschen Patent einerseits und dem darauf basierenden („korrespondierenden") europäischen Patent andererseits, obwohl ein und dieselbe Erfindung betreffend, rechtlich um zwei eigenständige Schutzrechte handelt, müssen zur Abwehr *beider* Patente - sofern man sich für den Rechtsbehelf des Einspruchs entscheidet - grundsätzlich zwei separate Einspruchsverfahren eingeleitet werden, vorausgesetzt natürlich, die jeweilige Einspruchsfrist kann noch gewahrt werden.

Eine an sich aus prozessökonomischen Erwägungen wünschenswerte Verfahrensverbindung scheidet schon aus Kompetenzgründen aus: Für den Einspruch gegen das deutsche (Basis-)Patent sind die deutschen Patentbehörden zuständig, und zwar in erster Instanz das Deutsche Patent- und Markenamt[46] und im zweiten Rechtszug (Beschwerdeinstanz) das BPatG.[47] Unter bestimmten, nicht in jedem Fall gegebenen Voraussetzungen[48] kommt, als dritter Rechtszug, auch noch das Rechtsbeschwerdeverfahren vor dem BGH in Betracht.[49]

Dagegen findet das Einspruchsverfahren gegen das europäische Patent vor dem Europäischen Patentamt statt. Zuständig ist dort in erster Instanz die

---

[46] § 59 Abs. 1 PatG.
[47] §§ 65 Abs. 1, 73 Abs. 1 PatG.
[48] Vgl. § 100 PatG.
[49] §§ 100 ff PatG.

Einspruchsabteilung[50] und in zweiter Instanz die Beschwerdeabteilung.[51]

Im Übrigen dürfte in der Praxis das Wirksamwerden der beiden korrespondierenden Patente (kraft jeweiligen Patenterteilungsbeschlusses[52] bzw. dessen amtlicher Veröffentlichung[53]) eher selten zeitlich so nahe beieinander liegen, dass sich Überschneidungen der Einspruchsfristen[54] ergeben, die gleichzeitige Einsprüche gegen beide Patente überhaupt ermöglichen würden.

2. Nichtigkeitsklage gegen das deutsche (Basis-)Patent und Einspruch gegen das korrespondierende europäische Patent?

Diese - freilich sehr aufwendige - Abwehrvariante kommt für den Fall in Betracht, dass die (dreimonatige) Einspruchsfrist gegen das deutsche Patent bereits abgelaufen ist, nicht jedoch die (neunmonatige) Einspruchsfrist gegen das europäische Patent. Die Konstellation wird in der Praxis nicht selten gegeben sein, wenn man, bei Annahme einer etwa gleichen Dauer des Erteilungsverfahrens, davon ausgeht, dass das europäische Patent circa (höchstens) ein Jahr später als das deutsche Patent angemeldet worden ist.[55]

---

[50] Vgl. Art. 19 Abs. 1 und 99 Abs. 1 EPÜ.
[51] Vgl. Art. 21 Abs. 1 und 106 Abs. 1 EPÜ.
[52] § 49 Abs. 1 PatG bzw. Art. 97 Abs. 2 EPÜ.
[53] § 58 Abs. 1 Satz 2 PatG bzw. Art. 97 Abs. 4 Satz 1 EPÜ.
[54] Drei Monate nach Veröffentlichung der Patenterteilung, § 59 Abs. 1 PatG, bzw. neun Monate nach Bekanntwerden des Hinweises auf die Erteilung des europäischen Patents, Art. 99 Abs. 1 EPÜ.
[55] Hierbei wird regelmäßig die Priorität gemäß Art. 87 EPÜ des deutschen Patents in Anspruch genommen worden sein.

3. Das Doppelschutzverbot des Art. II § 8 IntPatÜG[56]

Nach Abs. 1 dieser Vorschrift verliert unter bestimmten Voraussetzungen (s. weiter unten) ein auf derselben Erfindung wie ein erteiltes europäisches Patent beruhendes deutsches Patent seine Wirkung in dem Umfang, in dem es dieselbe Erfindung schützt wie das (korrespondierende) europäische Patent.

Die Voraussetzungen sind:

(1) Deutsches (Basis-)Patent und (korrespondierendes) europäisches Patent sind für denselben Erfinder oder dessen Rechtsnachfolger erteilt worden.

(2) Das europäische Patent erstreckt seine Wirkung (auch) auf die Bundesrepublik Deutschland.

(3) Das europäische Patent besitzt die Priorität des deutschen (Basis-)Patents.

(4) Die Frist zur Einlegung des Einspruchs gegen das europäische Patent ist abgelaufen, ohne dass Einspruch eingelegt worden ist,[57] oder

(5) das Einspruchsverfahren ist unter Aufrechterhaltung des europäischen Patents rechtskräftig abgeschlossen,[58] oder

---

[56] Gesetz zu dem Übereinkommen vom 27. November 1963 zur Vereinheitlichung gewisser Begriffe des materiellen Rechts der Erfindungspatente, dem Vertrag vom 19. Juni 1970 über die internationale Zusammenarbeit auf dem Gebiet des Patentwesens und dem Übereinkommen vom 5. Oktober 1973 über die Erteilung europäischer Patente (Gesetz über internationale Patentübereinkommen).

[57] Art. II § 8 Abs. 1 Nr. 1 IntPatÜG.

[58] Art. II § 8 Abs. 1 Nr. 2 IntPatÜG.

(6) das deutsche (Basis-)Patent ist zu einem Zeitpunkt erteilt worden, der nach dem vorstehend unter Ziffer (4) oder Ziffer (5) genannten Zeitpunkt liegt.[59]

Erfüllen ein deutsches Patent und ein korrespondierendes europäisches Patent diese Voraussetzungen und geht der Schutzumfang des deutschen (Basis-)Patents nicht über den des (korrespondierenden) europäischen Patents hinaus, so würde sich eine Nichtigkeitsklage bzw. ein Einspruch gegen das deutsche Patent erübrigen, weil dieses ja gemäß Art. II § 8 Abs. 1 IntPatÜG seine Schutzwirkung verloren hat (sogenanntes Doppelschutzverbot).

Es wäre nunmehr das (möglicherweise in einem vorangehenden Einspruchsverfahren aufrecht erhaltene) europäische Patent- durch eine Nichtigkeitsklage gegen den deutschen Teil desselben (gegebenenfalls auch noch durch weitere Nichtigkeitsklagen in Vertragsstaaten, auf die sich die Wirkung des europäischen Patents außerdem erstreckt) - anzugreifen.

Freilich wirkt die Rechtsfolge des Art. II § 8 Abs. 1 IntPatÜG (Schutzwirkungsverlust des deutschen (Basis-)Patents) nicht *ex tunc* (rückwirkend vom Anmeldetag an), sondern *ex nunc* (von nun an). Besteht ein Interesse, das deutsche (Basis-)Patent rückwirkend zu Fall zu bringen, etwa weil der Patentinhaber Schadensersatzansprüche wegen (in der Vergangenheit liegender) Patentverletzung geltend macht, so kann in einem solchen Fall eine Nichtigkeitsklage (auch) gegen das deutsche (Basis-)Patent durchaus sinnvoll sein.

Ähnliches gilt auch für ein - etwa durch Nichtzahlung fälliger (nationaler) Jahresgebühren - erlosche-

---

[59] Art. II § 8 Abs. 1 Nr. 3 IntPatÜG.

nes europäisches Patent. Ist dieses bereits innerhalb der Einspruchsfrist (ex nunc) erloschen, so kann noch ein Einspruchsverfahren eingeleitet werden, welches das hierfür zuständige Europäische Patentamt - wegen der ex-tunc-Wirkung eines etwaigen, das Gesamtpatent betreffenden Widerrufs - auch ungeachtet eines inzwischen rechtskräftigen Erlöschens einzelner oder aller nationaler Teilpatente durch- bzw. weiterführen muss.

Sind die Teilpatente erst nach Ablauf der (europäischen) Einspruchsfrist erloschen, so bleibt für eine rückwirkende Beseitigung des europäischen Patents bzw. seiner nationalen Teilpatente noch die Möglichkeit, eines oder mehrere Teilpatente jeweils durch eine Nichtigkeitsklage anzugreifen.

Wegen unterschiedlichen Verlaufs des jeweiligen Erteilungs- bzw. Einspruchsverfahrens werden allerdings die Schutzumfänge bei deutschem und (korrespondierendem) europäischem Patent eher selten identisch sein. So wird es in der Praxis immer wieder einmal vorkommen, dass das deutsche (Basis-)Patent einen größeren Schutzumfang als das korrespondierende europäische Patent aufweist. Gegebenenfalls genügt es also nicht, nur das europäische Patent mit (wenigstens) einer Nichtigkeitsklage anzugreifen. Darüber hinaus muss in diesen Fällen eine Rechtsmaßnahme (Nichtigkeitsklage bzw. Einspruch) gegen das deutsche (Basis-)Patent wegen seines „überschüssigen" Schutzumfanges eingelegt werden.

Hat nun das deutsche (Basis-)Patent gemäß Art. II § 8 Abs. 1 IntPatÜG seine Wirkung - ganz oder teilweise - verloren, so lebt es nicht etwa wieder auf, wenn ein Angreifer damit Erfolg hat, den deutschen Teil des europäischen Patents zu Fall zu bringen. Vielmehr bestimmt Art. II § 8 Abs. 2 IntPatÜG, dass durch das Erlöschen und die Erklärung der Nichtigkeit des europäischen Patents die nach Abs. 1 der in Rede stehenden Vorschrift eingetretene Rechts-folge, (gänzlicher oder teilweiser) Wirkungsverlust des deutschen (Basis-)Patents, unberührt bleibt.

D. h., auch bei einem Erfolg der Nichtigkeitsklage gegen den deutschen Teil des europäischen Patents wird sich in der Regel eine Nichtigkeitsklage gegen das deutsche (Basis-)Patent erübrigen.

4. Die Rechtslage bei Unterbleiben einer Inanspruchnahme der Priorität des deutschen Basis-Patents

a) Mögliche Ursachen und Auswirkung einer Nichtinanspruchnahme der Priorität

Wegen der bekanntermaßen hohen Kosten für die Erlangung eines europäischen Patents und/oder deshalb, weil sich ein wirtschaftlicher Erfolg der zunächst nur durch eine nationale deutsche Patent-anmeldung abgesicherten Erfindung möglicherweise nicht sofort abzeichnet, manchmal aber auch ein-fach aus Gründen einer fehlenden oder nachlässi-gen Fristüberwachung durch die im Unternehmen für Angelegenheiten des gewerblichen Rechtsschut-zes zuständige Stelle bzw. Abteilung (IP-Management), wird eine Wahrung der zwölfmonati-gen Prioritätsfrist des Art. 87 Abs. I EPÜ in man-chen Fällen unterbleiben.

Ein solches Versäumnis tritt naturgemäß eher bei kleineren Firmen als bei Großunternehmen auf, weil erstere regelmäßig nicht über ein eigenes IP-Management verfügen, zu dessen routinemäßigen Aufgaben die Überwachung diverser Fristen gehört.

Wird die Prioritätsfrist des Art. 87 Abs. I EPÜ ver-säumt, so erfüllt ein nach Fristablauf angemeldetes, erteiltes europäisches Patent nicht die oben unter Ziffer (3) angegebene Voraussetzung, d. h, es besitzt nicht die Priorität des deutschen (Basis-)Patents.

Damit tritt die Rechtsfolge des Art. II § 8 Abs. 1 IntPatÜG, Wirkungsverlust des deutsches (Basis-)Patents, nicht ein, mögen auch alle übrigen Voraussetzungen (s. o. Ziffern (1), (2), (4) bis (6)) der genannten Vorschrift gegeben sein.[60]

Da das deutsche (Basis-)Patent in diesem Fall voll wirksam bleibt, muss ein Angreifer zunächst einmal gegen dieses Patent vorgehen, was durch einen Einspruch (sofern die dreimonatige Einspruchsfrist noch nicht abgelaufen ist), andernfalls durch eine Nichtigkeitsklage erfolgen kann.

Die Frage ist, ob außerdem gegen das nicht die Priorität des deutschen (Basis-) Patents besitzende europäische Patent mittels einer Rechtsmaßnahme eingeschritten werden muss.

b) Einspruch gemäß Art. 99 ff EPÜ?

Selbstverständlich ist ein Einspruch aus den in Art. 100 EPÜ angegebenen Gründen rechtlich *möglich*. Aber bedarf es dieses erheblichen (zusätzlichen) Aufwands überhaupt? Oder ließe sich für den Einsprechenden der Aufwand wenigstens dadurch erheblich verringern, dass er die (rangältere, aber nicht prioritätsbegründende) deutsche Basis-Patentanmeldung als Einspruchsmaterial geltend macht?

Abgesehen von den - in der Praxis wohl eher selten geltend gemachten Einspruchsgründen des Art. 100 lit. b EPÜ (mangelnde Offenbarung) und lit c EPÜ (unzulässige Erweiterung der Erfindung), kann ein Einspruch gemäß Buchstabe a) der genannten Vorschrift nur darauf gestützt werden, dass der Gegenstand des europäischen Patents nach den Art. 51 bis 57 EPÜ nicht patentfähig ist. Patentfähig ist eine Erfindung dann, wenn sie nicht nur gewerblich an-

---

[60] Vgl. Art. II § 8 Abs. 1, 2. HS IntPatÜG.

wendbar ist und auf einer erfinderischen Tätigkeit beruht, sondern wenn sie (auch und insbesondere) neu ist.[61]

Gemäß Art. 54 Abs. I EPÜ gilt (!) eine Erfindung als neu, wenn sie nicht zum Stand der Technik. d. h. zu den vor dem Anmeldetag der europäischen Patentanmeldung (bzw. des europäischen Patents) der Öffentlichkeit auf schriftlichem oder mündlichem Wege zugänglich gemachten Informationsinhalten, gehört.[62] Zu einem solcherart definierten Stand der Technik gehört eine zwar rangältere, aber nicht vorveröffentlichte deutsche (oder anderweitige nationale) Basis-Patentanmeldung eindeutig nicht.

Dem Stand der Technik wird gemäß Art. 54 Abs. 3 EPÜ - fiktiv („... gilt ...") - aber auch der Inhalt rangälterer nicht vorveröffentlichter Patentanmeldungen zugerechnet.[63] Allerdings muss es sich bei der rangälteren Anmeldung um eine *europäische* Patentanmeldung handeln.

Somit lässt sich Folgendes festhalten:

(1) Um zwei nicht durch Inanspruchnahme der Unionspriorität „verbundene" korrespondierende Patente (deutsches Basis-Patent und europäisches Patent mit Schutzerstreckung (auch) auf Deutschland) durch Einspruch zu beseitigen, bedarf es zweier gesonderter Einsprüche.

(2) Als „Einspruchsmaterial" für den Einspruch gegen das europäische Patent lassen sich (u. a.) rangältere nicht vorveröffentlichte Patente verwenden, sofern es sich um europäische Patente handelt. Nicht vorveröffentlich-

---

[61] Vgl. Art. 52 Abs. 1 EPÜ.
[62] Vgl. Art. 54 Abs. 2 EPÜ.
[63] unter der einschränkenden Voraussetzung des Art. 54 Abs. 4 EPÜ.

te deutsche (oder andere nationale) Patente hingegen kommen hierfür nicht in Betracht, auch nicht das korrespondierende deutsche (Basis-)Patent.

c) Die Nichtigkeitsklage gemäß Art. 138 EPÜ

aa) Der „Normalfall"

Abgesehen von den Nichtigkeitsgründen nach lit. b) bis e) des Art. 138 Abs. 1 EPÜ, nennt Abs. 1 dieser Vorschrift - unter lit. a) - für den Nichtigkeitsgrund der mangelnden Patentfähigkeit ausdrücklich die Art. 52 bis 57 EPÜ. Insoweit gilt also für die Nichtigkeitsklage das oben (unter b) zum Einspruch Gesagte entsprechend.

bb) Der Vorbehalt des Art. 139 EPÜ

Keinesfalls unbeachtet bleiben darf jedoch in Art. 138 Abs. 1 EPÜ der Vorbehalt des Art. 139 EPÜ. Nach Abs. 2 dieser Norm haben eine nationale Patentanmeldung und ein nationales Patent in einem Vertragsstaat gegenüber einem europäischen Patent, soweit dieser Vertragsstaat benannt ist, die gleiche Wirkung als älteres Recht wie gegenüber einem nationalen Patent.[64] Die in Abs. 1 der in Rede stehenden Vorschrift aufgeführte Voraussetzung, rangältere(s) (nicht vorveröffentlichte(s)) europäische Patentanmeldung oder europäisches Patent, entspricht dem Tatbestand des § 3 Abs. 2 Nr. 2 PatG.

Allerdings werden gemäß dieser Norm nach deutschem Patentrecht die Inhalte derartiger rangälterer europäischer Patentdokumente (ebenso wie auch die

---

[64] Gem. Art. 139 Abs. 1 EPÜ haben - umgekehrt - in jedem benannten Vertragsstaat eine europäische Patentanmeldung und ein europäisches Patent gegenüber einer nationalen Patentanmeldung und einem nationalen Patent die gleiche Wirkung als älteres Recht wie eine nationale Patentanmeldung und ein nationales Patent.

Inhalte rangälterer deutscher Patentdokumente[65]) nicht (nur) als ältere Rechte gewertet,[66] sondern - fiktiv („... gilt ...") dem Stand der Technik zugerechnet und können mithin die Grundlage für eine Nichtigkeitsklage gegen ein deutsches Patent bilden.[67]

Aus dem aufgezeigten gesetzlichen Zusammenhang von Art. 139 Abs. 1 EPÜ und § 3 Abs. 2 Nr. 2 PatG ist zu folgern, dass ein entsprechender Zusammenhang auch zwischen Art. 138 Abs. 2 EPÜ und § 3 Abs. 2 Nr. 1 PatG besteht. Das bedeutet, dass nach deutschem Patentrecht ein rangälteres (nicht vorveröffentlichtes) deutsches Patent nicht (nur) als älteres Recht gewertet wird, sondern als Stand der Technik „gilt", sodass darauf eine Nichtigkeitsklage (bzw. -erklärung) gegen den deutschen Teil eines europäischen Patents gestützt werden kann.

Dieses Ergebnis entspricht im Übrigen auch der generellen Regelung in Art. 2 Abs. 2 EPÜ, die ausdrücklich die Anwendung nationalen (vorliegend deutschen) Patentrechts auf den nationalen (vorliegend deutschen) Teil eines europäischen Patents statuiert.

---

[65] Vgl. § 3 Abs. 2 Nr. 1 PatG.

[66] Gemäß dem vor 1978 geltenden deutschen Patentrecht gehörten rangältere, nicht vorveröffentlichte (deutsche) Patente nicht zum Stand der Technik, wurden vielmehr als ältere Rechte eingestuft, bildeten aber - um Doppelpatentierungen zu vermeiden - gleichwohl ein Patenterteilungshindernis; vgl. § 4 Abs. 2 PatG i. d. F. vom 2.1.1968. Aus demselben Grund konnten Einsprüche bzw. Nichtigkeitsklagen auf derartige ältere Rechte gestützt werden; vgl. § 32 Abs. 1 Satz 3, 2. HS. PatG i .d. F. vom 2.1.1968 bzw. § 13 Abs. 1 Nr. 2 PatG i. d. F. vom 2.1.1968.

[67] Vgl. § 22 Abs. 1 i. V. m. § 21 Abs. 1 i. V. m. § 3 Abs. 2 Nr. 2 PatG.

Indes greift bei einem älteren, nicht vorveröffentlichten deutschen Gebrauchsmuster die Fiktion der Zugehörigkeit zum Stand der Technik nicht ein.[68] Es handelt sich hier um ein „echtes" älteres Recht. D. h., das ältere, nicht vorveröffentlichte Gebrauchsmuster ist zwar nicht geeignet, hierauf eine Nichtigkeitsklage gegen den (identischen) deutschen Teil eines europäischen Patents (oder gegen ein (identisches) nationales deutsches Patent) zu stützen, jedoch darf der Inhaber des jüngeren Patents seine Rechte[69] daraus (in Deutschland) nicht ohne Erlaubnis des Inhabers des älteren Gebrauchsmusters ausüben.[70]

Zusammenfassend ergibt sich somit Folgendes:

(1) Um zwei nicht durch Inanspruchnahme der Unionspriorität „verbundene" korrespondierende Patente (deutsches Basis-Patent und europäisches Patent mit Schutzerstreckung (auch) auf Deutschland) durch Nichtigkeitsklage zu beseitigen, bedarf es zweier gesonderter Nichtigkeitsklagen.

(2) Als „Material" für die Nichtigkeitsklage gegen das deutsche „Teil"-Patent des europäischen Patents lassen sich (u. a.) rangältere nicht vorveröffentlichte europäische und/oder deutsche Patente, nicht jedoch ältere, nicht vorveröffentlichte Gebrauchsmuster, verwenden.

---

[68] Dies ergibt sich aus der enumerativen Aufzählung des dem Stand der Technik Zuzurechnenden in § 3 Abs. 1 und 2 PatG.

[69] §§ 9, 10 PatG.

[70] Vgl. § 14 i. V. m. § 11 GebrMG.

Beispiel 1: Europapatent mit Priorität des deutschen „Basis"-Patents

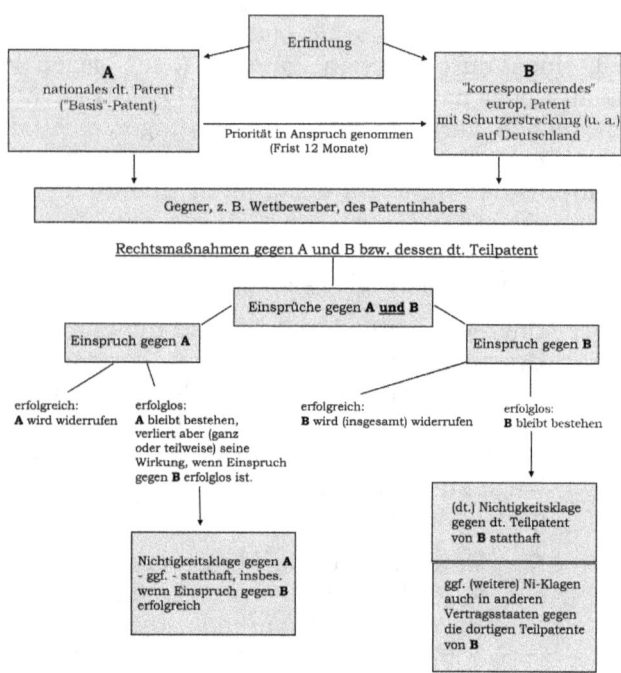

Erfindung

A
nationales dt. Patent
(„Basis"-Patent)

B
"korrespondierendes"
europ. Patent
mit Schutzerstreckung (u. a.)
auf Deutschland

Priorität in Anspruch genommen
(Frist 12 Monate)

Gegner, z. B. Wettbewerber, des Patentinhabers

Rechtsmaßnahmen gegen A und B bzw. dessen dt. Teilpatent

Einsprüche gegen **A** **und** **B**

Einspruch gegen **A**

Einspruch gegen **B**

erfolgreich:
A wird widerrufen

erfolglos:
A bleibt bestehen,
verliert aber (ganz
oder teilweise) seine
Wirkung, wenn Einspruch
gegen **B** erfolglos ist.

erfolgreich:
B wird (insgesamt) widerrufen

erfolglos:
B bleibt bestehen

Nichtigkeitsklage gegen **A**
- ggf. - statthaft, insbes.
wenn Einspruch gegen **B**
erfolgreich

(dt.) Nichtigkeitsklage
gegen dt. Teilpatent
von **B** statthaft

ggf. (weitere) Ni-Klagen
auch in anderen
Vertragsstaaten gegen
die dortigen Teilpatente
von **B**

Beispiel 2: Europapatent ohne Priorität des deutschen (nicht vorveröffentlichten) „Basis"-Patents

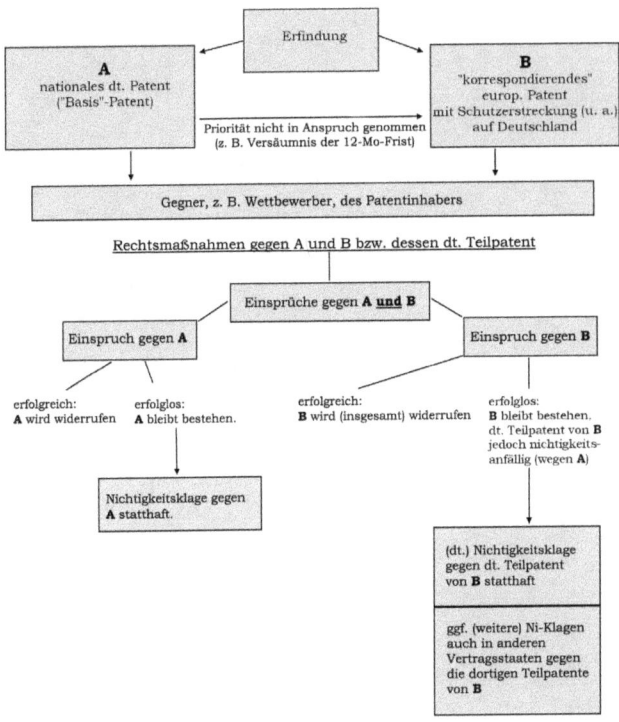

Literaturverzeichnis

von Albert, in: GRUR 1981, S. 451, 458

Benkard, Patentgesetz Gebrauchsmustergesetz, 9. Aufl., München 1993; zit.:

Benkard/Bearbeiter

Blatt für Patent-, Muster- und Zeichenwesen (Bl.f.PMZ), Jahrgang 1979, S. 276, 288

van Empel, The Granting of European Patents, Leyden 1975

Gewerblicher Rechtsschutz und Urheberrecht (GRUR), Jahrgang 1959, S. 320

Gewerblicher Rechtsschutz und Urheberrecht (GRUR), Jahrgang 1970, S. 296 f

Gewerblicher Rechtsschutz und Urheberrecht (GRUR), Jahrgang 1981, S. 451, 458

Gewerblicher Rechtsschutz und Urheberrecht (GRUR), Jahrgang 1986, S. 210, 215

Gewerblicher Rechtsschutz und Urheberrecht (GRUR), Jahrgang 1988, S. 290

Gewerblicher Rechtsschutz und Urheberrecht (GRUR), Jahrgang 1991, S. 120

Gewerblicher Rechtsschutz und Urheberrecht (GRUR), Jahrgang 1992, S. 430, 435, 839

Gewerblicher Rechtsschutz und Urheberrecht (GRUR), Jahrgang 1995, S. 238 f

Gewerblicher Rechtsschutz und Urheberrecht International (GRUR Int.), Jahrgang 1975, S. 1, 9

Gewerblicher Rechtsschutz und Urheberrecht International (GRUR Int.), Jahrgang 1979, S. 396, 398

Gewerblicher Rechtsschutz und Urheberrecht International (GRUR Int.), Jahrgang 1981, S. 63, 69

Gewerblicher Rechtsschutz und Urheberrecht International (GRUR Int.), Jahrgang 1982, S. 53, 56

Gewerblicher Rechtsschutz und Urheberrecht International (GRUR Int.), Jahrgang 1983, S. 200, 203, 226f

Goebel, in: Mitt. 1981, S. 15, 21

Haertel, in: GRUR Int. 1983, S. 200, 203

Jung, in: GRUR 1986, S. 210, 215

Keukenschrijver, in: VPP-Rundbrief 1993, S. 49 f

Mangini, in: GRUR Int. 1983, S. 226 f

Mitteilungen der deutschen Patentanwälte (Mitt.), Jahrgang 1981, S. 15, 21

Mitteilungen der deutschen Patentanwälte (Mitt.), Jahrgang 1988, S. 49

Mitteilungen der deutschen Patentanwälte (Mitt.), Jahrgang 1990. S. 19 f

Pakuscher, in: RIW 1975, S. 305, 312

Pitz, in: GRUR 1995, S. 238 f

Preu, in: GRUR Int. 1981, S. 63, 69

Recht der Internationalen Wirtschaft (RIW), Jahrgang 1975, S. 305, 312

Scheffler, in: VPP-Rundbrief 2005, S. 63

Schulte, Patentgesetz, 6. Aufl., Köln, Berlin, Bonn, München 2001

Ströbele, in: GRUR Int. 1975, S. 1, 9

VPP-Rundbrief, Jahrgang 1993, S. 49 f

VPP-Rundbrief, Jahrgang 2005, S. 63

Sachverzeichnis